해미읍성 탱자꽃

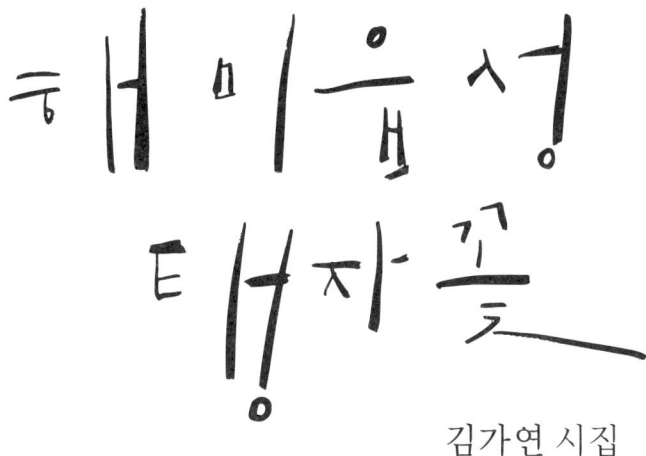

김가연 시집

시인의 말

그렇다 하여도

나의 먼 집에 당신이 살겠지요

오늘도,

나는 당신을 머물다 갑니다

2023년 10월

김가연

차례

꽃을 그리는 꽃잎의 이야기
해미읍성 탱자꽃

시인의 말　005

탱자꽃•012 / 해미의 봄•014 / 태종께 고하다•016 / 태종의 어답御答•018 / 해미의 별자리•020 / 돌이끼•022 / 돌, 잠들다•024 / 충청의 기백•026 / 해미읍성의 숨결•028 / 해미의 횃불•030 / 성곽•032 / 심장이 뛴다•034 / 동문햇살•036 / 객사•038 / 내아內衙의 봄•040 / 망루•042 / 저잣거리•044 / 천수만 만입처•046 / 파도소리•048 / 천수만 안개•050 / 왜구의 침입•052 / 서해 수호의 중심•054 / 활을 당기다•056 / 병사들의 훈련•058 / 천둥소리•060 / 해미내상성•062 / 충청병마절도사영•064 / 호서좌영•066 / 천년을 깨우다•068 / 새로운 문화의 유입•070 / 역사의 중심에 서다•072 / 해미읍성의 동학군•074 / 의병의 발자취•076 /

학생독립운동 • 078 / 다산의 길 • 080 / 해미현, 서산군에 통합되다 • 082 / 민가 들어서다 • 084 / 해미읍성, 사적 제116호 지정 • 086 / 해미읍성축제 • 088 / 남문을 세우다 • 092 / 태종대왕 • 094 / 다산 茶山이 되어 • 096 / 한밤중 깨어 • 098 / 성지기 • 100 / 수병이 되다 • 102 / 해미장날 • 104 / 눈꽃 • 106 / 서해가는 길 • 108 / 나무의 이력 • 110 / 나팔꽃 • 112 / 해미의 별 • 114 / 가오리연 • 116 / 성벽을 넘다 • 118 / 탱자성 • 120 / 천수만을 바라보다 • 122 / 겨울소나무 • 124 / 해미의 길 • 126 / 지나온 길 • 128 / 돌의 맥박 • 130 / 어떤 질문 • 132 / 해미읍성 솔밭 • 134 / 잠들지 않는 돌 • 136 / 돌이 돌에게 • 138 / 발자국 따라 • 140 / 푸른성벽 • 142 / 진남문 자전거 • 144

꽃을 그리는 꽃잎의 이야기
해미읍성 탱자꽃

대설주의보 • 146 / 크고 작은 돌 • 148 / 성돌의 새벽 • 150 / 사람, 풍경이 되다 • 152 / 둥근 꽃 • 154 / 뜬눈으로 • 156 / 이름을 얻다 • 158 / 해미천 따라 • 160 / 전생의 꿈 • 162 / 압송로 • 166 / 목숨 꽃 • 168 / 이름 없는 순교자 • 170 / 회화나무의 몸 • 172 / 옥사의 새벽 • 174 / 별이 되다 • 176 / 한 가지 기도 • 178 / 꽃 무덤 • 180 / 말씀의 꽃 • 182

해설 신성한 피의 제단을 그린 추상화 신익선 문학평론가 • 187

해미읍성 탱자꽃

해미읍성 탱자꽃

꽃을 그리는
꽃잎의 이야기

탱자꽃

Trifoliate
Orange Flower

오래전 시작되어 끝을 모르는 이야기
그래서 끝없이 이어지는 이야기

낙화의 거리를 재며
꽃을 그리는 꽃잎의 이야기

꽃을 읽을 줄 알고
꽃을 보듬을 줄 아는

탱자성 사람들의 하얀 귓속말

A story that started a long time ago and has no end
So the story continues without end

The story of a petal drawing flowers
while measuring the distance between fallen flowers

It knows how to read flowers
It knows how to care for flowers

The white whispers of the people of Trifoliate Orange Castle

해미의
봄

Spring in
Haemi

봄 천변에는 바람 아래 품어 자는 벚나무 있습니다
그 나무 둥치로 떨어진 꽃잎, 꽃잎의 그림자를 기다
리는 갈대숲 있습니다 낮게 자란 뚝새풀을 키우는 물
소리가 있고요 겨우내 잠자던 눈을 틔워 나무마다
꽃을 다는 천 개의 고운 손 있습니다

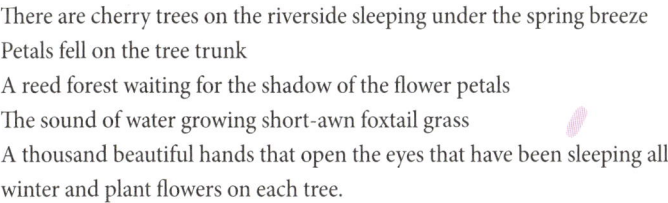

There are cherry trees on the riverside sleeping under the spring breeze
Petals fell on the tree trunk
A reed forest waiting for the shadow of the flower petals
The sound of water growing short-awn foxtail grass
A thousand beautiful hands that open the eyes that have been sleeping all winter and plant flowers on each tree.

김가연 / 해미읍성 탱자꽃

태종께 고하다

Report to
King Taejong

    산천은 도륙되고 고을마다 핏빛입니다 왜구의 침탈을 막아 백성을 구하소서 해미에 병영성을 두어 서해를 방비하소서, 이지실 간곡히 아뢰다

    서해로 향한 두 눈은 길이 되었다
발아래 돌과 먼 파도가 함께 걸었다

    밤새 파도가 달려와 새섬을 만들면
새들은 모래톱에 지친 발자국을 내려놓았다
파도가 밀려와 지우면 다시 발자국을 그려놓곤 했다

    지금도 어린 새들은 바다에 빠진 길 끝자락을 곧잘 건져 올려 해미읍성 성루에 걸어놓는다

The mountains and rivers are slaughtered and every village is red with blood. Please stop the invasion of the Japanese army and save the people. Please establish a barracks in Haemi to defend the West Sea. I, Ji-sil Lee, earnestly implore.

The eyes that looked at the West Sea became a road
Walking with stones under my feet and waves in the distance

When the waves rush in all night and create a bird island
the birds leave their tired footprints on the sandbank
The waves would come and erase the footprints and then draw it again

Even now, young birds rescue the end of a fallen road into the sea and hang it on the fortress of Haemieupseong Fortress

태종의 어답 御答

Answer of
King Taejong

해미에 병영성을 두니 나라의 초석이라
파문을 닦고 눈물 자국 지우는 일이라

태종의 목소리 격양되다

이를 악물고 참아낸 울음 하얗게 말랐다

탱자나무 울안에 비 그치고
아낙들 웃음이 심은 울바자 봉선화

민초들 눈물 닦아주는 탱자성 꽃수건

It is the cornerstone of the country by establishing a barracks in Haemi
So it is important to wipe away the ripples and erase the stains of tears

King Taejong's voice is heightened.

The cry that endured through gritted teeth is drying up

The rain stops inside the Trifoliate Orange Tree enclosure
Ulvaza Balsam planted by women's laughter

Trifoliate Orange flower towel that wipes away the tears of ordinary people

해미의 별자리

Constellation of Haemi

샛별이 어둠을 비워낸다
어디서 오는 길인지 몸 가볍다

당신을 흉내 내며
구부러져 오는 길

당신의 신발을 닦아
볕 좋은 곳에 심는다

새 생명 새 빛으로
회화나무 첫 입술을 깨운다

The morning star empties the darkness
An unknown path that makes the body feel light

The road curves
imitating you

Clean your shoes
and plant them in a sunny location

The first lips of the prickly pear tree awaken
with new life and new light

돌이끼

Stone Moss

어둡고 눅눅한 방
죽음의 흔적 선명하다

젖은 발목 말리는 비의 오후

돌과 바람의 행간에
성돌이 그리는 꽃의 평면도

뻐근한 눈길로 들어올리는
눈부신 시간의 화석

Dark and damp room
traces of death are clear

A rainy afternoon that dries wet ankles

A floor plan of a flower drawn
by Seongdol between the stones and the wind

A dazzling fossil of time
lifted with strained eyes

돌,
잠들다

Stone Sleeps

내내 흐린 날이었다

꽃은 꽃으로, 나무는 나무로, 길은 길로
수런대는 하루가 저물어 갔다

강으로 뛰어든 아이는 입술이 파래져 돌아왔다
강물을 다 쏟아낸 돌무덤 바닥에

다시 강물이 흘렀다

It was a continuously cloudy day

Flowers become flowers, trees become trees, roads become roads
The day has come to an end

The child who jumped into the river came back with blue lips
At the bottom of a stone tomb where all the river water has poured out

The river flowed again

충청의 기백

The Spirit of
Chungcheong

여름이 타는 숲 보아라

이적 없었던 빛깔 보아라

문 여는 생명의 산빛

비 그친 가야산 푸르다

하늘 뚫고 자라는 충청의 기백

See the forest burning in summer

See the color that has never been seen before

Mountain light of life that opens the door

Gayasan Mountain is greener after the rain

Spirit of Chungcheong growing through the sky

해미읍성의
숨결

Breath of
Haemieupseong
Fortress

새로 돋는 민중의 숨결이다

깃발에 새긴 당신의 이름이다

담쟁이 마디마다 자라는 바람

새벽 약속이 성벽을 넘는다

The people's breath is renewed

Your name on the flag

Wind that grows at every node of the ivy

The promise of dawn goes beyond the walls

김가연 ~ 해미읍성 탱자꽃

해미의
횃불

Torch of
Haemi

해미의 눈동자여
해미의 횃불이여

눈 뜨고 일어나
목숨 높이 들어라

피맺힌 슬픔
환히 밝혀 위로하라

꿈결 아래
돌꽃 피게 하라

마침내 눈 들어
목숨의 횃불 되라

The eyes of Haemi
Torch of Haemi

Open your eyes and wake up
Lift your life high

Blood-soaked sorrow
Brighten up and comfort it

Let the stone flowers bloom
beneath your dreams

Finally raise your eyes
and become a beacon of life

김가연 / 해미읍성 탱자꽃

성곡

Fortress

가야산이 자꾸 기운다

붉은 길 보인다
산벚나무 보인다

줄을 당기면
숲으로 향한 길에 당신이 담겨 있다

가슴에 구멍을 내고
몸을 세우는 돌의 내재율

그 구멍으로 바람이 지나간다

Gayasan Mountain keeps tilting

A red road is visible
Wild cherry trees are visible

Pull the string
and see you on the path to the forest

With a hole in the chest
The inherent rate of the stone builds the body

The wind passes through the hole

심장이
뛴다

Beating
Heart

우뚝한 자세로
불뚝 배에 힘 모아

둥, 둥 울음 운다

울음을 찢는 혈맥이
돌 속으로 들어간다

돌의 심장이 뛴다

Standing tall
Gathering strength on its bulging stomach

Ding, ding it cries

Blood vein that tears apart the cries
enters the stone

The heart of stone beats

김가연 / 해미읍성 탱자꽃

동문
햇살

Sunshine at
East Gate

동트는 가야산이여

돌의 새벽 깨워라

햇살 번져 환해진 잠양루

이슬 열고 오시는 아침

해미읍성 영혼들이여

나의 심장 깨워라

Dawn is at Mt. Gayasan

Wake up to the dawn of stone

Jamyangru illuminated by sunlight

The morning comes with dew

Souls of Haemieupseong Fortress

Awaken the heart

김가연 / 해미읍성 탱자꽃

객사
客舍

Guesthouse

객사의 밤은 여간해선 잠들지 않는다

시든 햇살 마루 깊숙이 스미면
나무들은 종일 퍼 올린 수액들로 등불을 켠다

하루의 빛을 온몸에 내걸고
동백꽃 빛깔의 이름을 밝힌다

반쯤 기운 자세로 남모르게
부은 발을 하늘에 묻는다

It's hard to sleep at night at a guest house

When the withered sunlight penetrates deep into the floor
the trees light up with the sap they have pumped all day

With the light of the day on your entire body
the name of the color of the camellia flower is revealed

Secretly in a half-reclined position
Asking the sky of swollen feet

내아內衙의 봄

Spring of Naea

빛이 허공의 갱도 속으로 들어간다

허공은 속살의 문장들로 가득하다

갱도 속을 걷고 또 걷는 햇살

동박 나무가 불끈 힘줄 세워 노란빛을 캐낸다

Light enters a tunnel in the void

The void is full of sentences of the flesh

The sunlight that walks endlessly through the tunnel

The copper back tree stands upright and brings out its yellow color

김가연 / 해미읍성 탱자꽃

망루

Watchtower

미지의 섬,
미처 다다르지 못한 태초의 강

강물을 마시고 잠든 아이들은
한밤중 잠에서 깨어 오줌을 누었다

강의 귓불을 만지며 잠든 물풀 사이

긴 꼬리를 흔들며
성벽을 헤엄쳐 오르는 천상의 물고기

An unknown island,
The river of the beginning that has not yet been reached

Children who fell asleep after drinking river water
woke up in the middle of the night to urinate

Touching the earlobes of the river among the sleeping water plants

Heavenly fish waving its long tail
swimming up the castle wall

저잣거리

Market Street

시끌벅적하던 꽃들도 파장이다

아이가 달려가고
긴 그림자 마당을 빠져나간다

수천 번의 환생으로
낡은 지게가 아버지를 업고 온다

Even the noisy flowers are waves

The child runs
The long shadow leaves the yard

After thousands of reincarnations
Carries its father behind an old backpack

시끌벅적하던 꽃들도 파장이다

아이가 달려가고 긴 그림자 마당을 빠져나간다

수천 번의 환생으로 낡은 지게가 아버지를 업고 온다

김가연 해미읍성 탱자꽃

천수만
만입처

―

Cheonsuman
Bay Entrance

모래톱에 날아온 새 떼

모래보다 많은 물소리 물고
해미읍성으로 날아온다

망루에 올라
붓을 들어 획을 긋는다

천수만의 첫 새벽

A flock of birds flying to the sandbank

With the sound of water louder than sand
It flies to Haemieupseong Fortress

Climb the watchtower
pick up the brush and draw a stroke

The first dawn of Cheonsuman

김가연 / 해미읍성 탱자꽃

파도
소리

Sound of
Waves

밤마다 바다를 건넌다

하늘이 폭설을 준비하는 동안
새들은 서둘러 숲으로 간다

눈발과 바다 사이
수취인 없이 배달되는 파도 소리

Crossing the sea every night

Birds hurry to the forest
while the sky prepares for heavy snowfall

Between the snow and the sea
the sound of waves is delivered without a recipient

천수만 안개

Fog of Cheonsuman Bay

안길로 접어들면 안개가 피어올랐다

더딘 시간 속에선 빈집이 늘고

저마다 바깥의 빛을 간직한

귀향을 꿈꾸는 은어 떼가

안개 속에서 빛났다

The fog that rises as you enter the inner road

The number of empty houses increases as time goes by

Each retains the light from outside.

A school of sweetfish dreaming of returning home

It shone in the fog

왜구의 침입

Invasion of Japanese

총소리 멈추지 않았다

젖 물고 잠든 아이 이마에 달빛이 내린다

바람이 구멍 난 심장을 지나간다

송곳니가 꽂힌 한 생의 목숨,

짧은 저녁이 작별인사를 한다

The sound of gunfire didn't stop

Moonlight falls on the forehead of a baby who fell asleep after a meal

The wind passes through a hole in the heart

Fangs stuck in one's life

A short evening says goodbye

서해 수호의
중심

Center of
the West Sea
Defense

새벽 열고
먼 바다로 나가는 눈빛

살갗을 드러낸 채
죽음을 관통하는 돌의 눈

깃발 높이 올려라

이로써
해미읍성은 서해 수호의 중심이 되어라

The eyes that open at dawn
and go out to the distant sea

Eyes of stone that pierce
death with their skin exposed

Raise the flag high

Hereby
Haemieupseong Fortress became the center of defense of the West Sea

활을
당기다

Draw a
Bow

후회도 없다 결심도 없다

팽팽한 하늘에 활을 당긴다

더 멀리

숨을 멈추고

과녁을 향해 날아가는 해미의 눈동자

No regrets or resolutions

Draw a bow in the tense sky

Further on

Holding breath

Eyes of Haemi following the target

병사들의 훈련

Training of Soldiers

        채찍을 휘두르듯 눈발이다
        나의 뺨을 때리는 눈보라 격렬하다

        눈이 그쳐도 눈발은 멈추지 않았다

        언 땅 풀려 새살 돋을 때까지
        흔들리는 성벽 흔들리지 않을 때까지

        마침내 길을 지우고 나를 지울 때까지

Snow rages like a whip
The blizzard fiercely hits my face

It stopped snowing but the blizzard didn't stop

Until the frozen ground loosens and new flesh sprouts
Until the shaking castle walls stop shaking

Until it finally clears the way and erases me

천둥
소리

Sound of
Thunder

병영성에 눈 내린다
내리는 눈이 허공에 파문을 내며 떨어진다

천둥소리를 들은 것이다

Snow falls on the barracks
Snow falls in ripples in the air

Thunder can be heard

김가연 / 해미읍성 탱자꽃

해미
내상성

Haemi
Minister Castel

흐려진 기억 속
이름과 모습은 달라졌어도
그 뜻은 변함없으니
보라,
영속을 지나 만나는 거룩한 돌의 인연

* 아쉽게도 충청병마도절제사영[충청병마절도사영]의 성축 과정에 관한 자료는 충분하지 않다. 비교적 이른 시기의 기록이 1451년(문종 1년) 9월 5일자의 실록 기사로, "해미현 내상성內廂城은 주위가 3,352척, 높이가 12척이고, 여장女墻의 높이는 3척이다. 적대敵臺 18개소 중 16개소는 아직 쌓지 않았고, 문은 4곳이다. 옹성甕城이 없으며, 여장이 688개, 해자垓字의 주위는 3,626척으로 성안에 샘이 3개소가 있다"라고 하여 당시 병영성[해미현 내상성]의 건물 규모와 배치 상황이 확인된다.

In blurred memories
Although the name and appearance have changed
The meaning remains unchanged
See,
The bond between holy stones that passes through eternity

충청병마
절도사영

Museum of Chungcheong
Terracotta Warriors and
Horses

영의정 김육의 주장으로, 충청병마절도사영을
해미에서 청주로 옮겨가다

해미읍성 남문 문루에 올라
옛 모습 그대로 안길을 굽어본다

성벽 속 새 한 마리
정오의 태양을 물고 동헌으로 날아간다

At the insistence of Yeonguijeong Kim Yuk, the Museum of Chungcheong
Terracotta Warriors and Horses was moved from Haemi to Cheongju

Climb the south gate tower of Haemieupseong Fortress
and look down on An-gil as it was in the past

A bird within the castle wall
It flies to Dongheon with the midday sun in its mouth

호서
좌영

Hoseo
jwayeong

봉홧불 오른다
죽기를 각오하고 창을 잡는다
수병들의 함성 성벽을 흔든다

물길을 거슬러 오르는 은어 떼
힘차게 성벽을 오른다

성벽 속
해미의 꿈 푸르다

The beacon fires up
Grabbing the spear with the readiness to die
Shouts of the army shake the castle walls

A school of sweetfish swimming up the water
vigorously climbing the castle wall

Inside the castle walls
Dreams of Haemi bloom

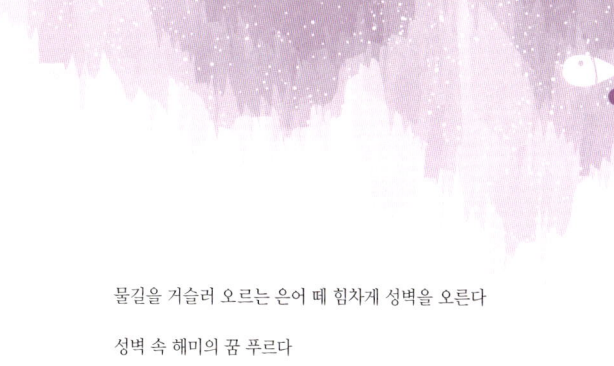

물길을 거슬러 오르는 은어 떼 힘차게 성벽을 오른다

성벽 속 해미의 꿈 푸르다

김가연 / 해미읍성 탱자꽃

천년을
깨우다

Awaken a
thousand years

길고 긴 블랙홀을 통과한
흰 물고기

천년을 깨우는
해미읍성 깃발

Passing through a long black hole
is a white fish

Awakening a thousand years
Flag of Haemieupseong Fortress

김가연 / 해미읍성 탱자꽃

새로운
문화의 유입

Influx of
New Culture

해미천 거슬러 오르는 물고기

해미읍성 곳곳을 헤엄쳐 다닌다

저녁 강을 물들인 색색의 지느러미

반짝이는 물풀에 모이는 물고기 떼

Fish swimming up the Haemi River

Swimming around Haemieupseong Fortress

Colorful fins dye the evening river

School of fish gathering in the glass of sparkling water

역사의
중심에 서다

At the center
of history

서해 끝자락
거친 뱃길로 이어진 섬,

바닷물에 가라앉고
파도가 밀려와 부딪친다

느린 걸음으로 흘러간 저무는 봄날

먼바다에 우뚝 선 진남문의 팔뚝

An island connected by a rough seaway
at the end of the West Sea

It sinks into the seawater
and waves crash against it

Spring flows at a slow pace and falls

Jinnammun's forearms stand tall in the distant sea

해미읍성의
동학군

Donghak Army of
Haemieupseong
Fortress

농민들의 함성 가득했다
봉기한 뭇남정네들의 팔뚝에 힘줄이 튀었다
접전을 벌이던 관군이 후퇴했다
내포지방의 거점 해미읍성에 농민들의 깃발 꽂았다

목화보다 하얗게 피어나는 열망의 아침이었다

* 해미읍성은 이 일대의 중요한 역사적 사건이 있을 때마다 주요 거점으로 활용되곤 하였는데, 동학농민전쟁 때는 내포지방에서 봉기한 동학군이 집결한 장소였으며, 패퇴하면서 관군과 접전을 벌였던 장소이기도 하였다.

It was full of shouts from farmers
Tendons splattered on the forearms of the uprising men
The government forces retreated
Farmers planted their flag at Haemieupseong Fortress, a stronghold in the region

It was a morning of aspiration that bloomed whiter than cotton

의병의 발자취

Footsteps of
the Righteous
Army

그것은 민족항쟁이며 생존권을 지키기 위한 봉기였다

그해 봄,
순전한 갈망으로 피어났다

개망초 닮은 사람들
의병 되어 해미읍성에 모였다

아직 피어나지 않은 내 꿈도 모였다

It was a national resistance and an uprising to protect the right to survive

That spring,
it blossomed from sheer longing

People who look like Erigeron annuus
became volunteer soldiers and gathered at Haemieupseong Fortress

Dreams that have not yet bloomed also came

학생독립
운동

Independence
Movement of
Students

더는 견디지 못하고
거리로 쏟아져 나왔다

꽃 같은 아이들
성벽 위 깃발을 올려다보았다

긴 울음 속 꽃의 파편이 쏟아졌다

They couldn't take it anymore
They rushed out into the streets

Students like flowers
looked up at the flag on the castle wall

Fragments of flowers poured down in a long cry

김가연 / 해미읍성 탱자꽃

다산의 길

The Path of
Dasan

부당함에 맞서다
불의와 권력에 맞서다

천만번 다시 고쳐보아도 오직 한 길

다산, 해미에 오다

Stand against unrighteousness
Stand up against injustice and power

Even after shouting a thousand times, there is only one way

Dasan comes to Haemi

해미현,
서산군에 통합되다

Haemi-hyeon, integrated into Seosan-gun

어둠 속에선
풀도 벌레도 하나다

강물이 서로 섞이듯
어둠이 서로 감싸듯

모양도 색깔도 없이 하나가 된다

불타는 열망은 박제되고
시퍼런 울음 하늘에 뿌린다

성곽을 걷는 발소리
점점 부풀어 오른다

싸리나무에 흐르는 비
길의 이마 짚어본다

In the darkness
grass and bugs are one

As rivers mix together
As the darkness surrounds each other

Becoming one without shape or color

The burning desire is stuffed
Blue cries sprinkle in the sky

The sound of footsteps inside the castle wall
It becomes louder

Rain flowing on the sycamore tree
touches the forehead of the path

김가연 / 해미읍성 탱자꽃

민가
들어서다

Entering the
Village

면사무소, 초등학교, 우체국, 마을은행, 기관과 민가가 성안에 들어섰다

가을 든 돌담에 담쟁이 오른다

성 밖에 움막 지어
성벽에 기대 사는 사람들

바람을 베껴 쓰는 초가집

The township office, elementary school, post office, village bank, institutions, and private houses were built within the fortress

Ivy grows on the stone wall of the Autumn

People who build huts outside the castle
and live near the wall

Thatched house that copies the wind

해미읍성,
사적 제116호 지정

Haemieupseong Fortress,
designated as Historic Site
No. 116

먼 우주로부터 달려온
무언의 세계

햇살이
강물이
꽃잎이

상처의 흔적들을 데리고
그 속에 들어와 동그랗게 눕는다

A silent world that rushed
from distant space

Sunshine
River
Petals

It comes inside with traces of wounds
and lies down in a circle

해미읍성
축제
―

Haemieupseong
Fortress Festival

아주 단단한
아주 순전한

멀고 먼 별마을에
하얀 탱자꽃

만남보다 많은 이별
이별보다 많은 별

무궁 속으로 날아가는 꽃잎

Very stern
Very pure

In a distant star village
is a white Trifoliate Orange

More goodbyes than encounters
More stars than goodbyes

Petals flying into eternity

해미읍성 탱자꽃

바다로 가는
추녓물 소리

남문을
세우다
- 현감 박민환

Building the
South Gate

찬바람에 손등 갈라졌다
톱질 소리 망치 소리 멈추지 않았다

부서진 남문을 세우고
허물어진 동문을 세웠다

벽돌에 회를 바르는 손 가볍다

제 모습을 찾은 성을 보며 해미 사람들 울었다

The skin on the back of my hand cracked in the cold wind
The sound of saws and hammers didn't stop

The broken south gate was rebuilt
The collapsed east gate was rebuilt

Hands applying plaster to bricks are light

The people of Haemi cried as they saw the castle restored to its original form

*　　　　해미읍성의 문루와 성첩이 현재의 모습으로 수리된 데는 1847년(헌종 13년) 해미현감으로 부임한 박민환의 공적이 서려 있다. 박만환이 해미현감으로 부임했을 때 해미읍성의 정문이었던 남문을 비롯 동문과 서문이 썩어서 무너진 상태였다. 이를 본 박민환은 보수비용을 마련하기 위해 상급관청을 찾아가 목재를 요청하고 돈을 빌려왔다. 박민환 공덕비는 박민환의 공적을 기리기 위해 공사가 완료된 후 수령에 대한 감사와 해미읍성이 천만년 영원하기를 바라는 마음에서 백성들이 세운 것이다.

태종
대왕

King
Taejong

왕의 행렬을 뒤따르는 말발굽 소리

태안으로 도비산으로
두루 평안을 살핀다

가슴 여는 병사들의 우렁찬 함성
북소리 울려 당도한 해미읍성

새벽 열어 비추는 햇살
상왕산 봉우리 잔설 녹는다

The sound of horse hooves following the king's procession

To Taean, to Dobi Mountain
Seeks peace throughout

The loud shouts of soldiers crying with their hearts open
Arriving at Haemieupseong Fortress with the sound of drums

The snow on the peak of Sangwangsan Mountain
melts in the early morning sunlight

다산茶山이 되어

Becoming Dasan

가야산 적시는 융융한 산수호
차가운 물로 손을 씻는다

잘못부터 읽어내는 눈 닦고
굳은살 박인 귀 씻는다

한티재 바람결에
약용아, 약용아 부르는 소리

두 손 모아
부끄러운 얼굴 닦는다

A melting mountain lake that bathes Gayasan Mountain
It washes hands with cold water

Wipe the eyes that see mistakes first
Wash the calloused ears

In the wind of Hantijae
Calling out Yak-yong, Yak-yong

Put both hands together
and wipe the embarrassed face

김가연 / 해미읍성 탱자꽃

한밤중
깨어

Waking Up in the
Middle of the Night

다시 내리는 비

말 속의 말로
꽃 속의 꽃으로
이어온 명멸의 시간

바다로 가는 추녓물 소리

Rain falls again

Words within words
Flower within a flower
Flickering time continues

The sound of Chunyeo water flowing into the sea

김가연 / 해미읍성 탱자꽃

성지기

Castel Guard

성곽에 올라 서해를 마주한다

통곡의 **뼈**로
열망의 피로 쌓은 민초들의 성

흰옷의 민중들 붉은 함성
점점 커지는 파도 소리

병영성 밤하늘에 전하는
피맺힌 전언

성벽이 움직이기 시작한다

Climb the castle wall to the West Sea

The castle of the ordinary people
built on the bones of their wailing and the blood of longing

The shouts of the people dressed in white are red
The sound of waves getting louder

In the night sky of the military barracks
A bloody message has been delivered

The castle walls begin to move

김가연 / 해미읍성 탱자꽃

수병이 되다

Becoming a
Sailor

매달리는 어린것 떼어놓고 집을 나선다

나라 지키는 일이 나를 지키는 일이라고
붉은 팔뚝 튀어 오르는 파도의 힘줄

뜬눈의 샛별을 불러온다
죽음으로 살린 시퍼런 목숨

차갑고 찬란한 눈꺼풀의 바다

Rejecting the clinging child behind to leave the house

Protecting the country means protecting oneself
Tendons of waves protruding on red forearms

Brings the sleepless morning star
A young life saved through death

A sea of cold and brilliant eyelids

해미 장날

Haemi
Market Day

어둑한 장마당 빠져나가는 그림자
비틀거리는 걸음이 장 바깥으로 간다

손에 든 보따리 보따리마다
놓쳐버린 장닭의 울음 퍼진다

출렁이는 어둠이 다시 줄을 긋는다

하루를 기웃하는 동안
산도 나무도 해미 장터 속으로 들어간다

A shadow passing through a dim marketplace
Staggering steps head outside the marketplace

Every bundle I hold in my hand
spreads the cry of the lost chickens

The wiggling darkness draws a line again

While snooping around for a day
both the mountains and the trees enter the Haemi marketplace

눈꽃

Snow Flower

새들이 날개를 돌리자
나타나는 문장의 쉼표
우수수 쏟아지는 고백의 형식
알 수 없는 기침의 정체들

덤불 속에서 피고 또 피어
봄의 어깨에 내리는 눈송이

Commas in sentences that appear
when birds turn their wings
The form of pouring confessions
The identity of unknown coughs

Snowflakes bloom in the bushes
and fall on spring's shoulders

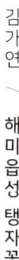

김가연 / 해미읍성 탱자꽃

서해 가는 길

Road to the
West Sea

좀처럼 그치지 않는 눈발
풍경이 고요를 풀어 바다로 간다

기차는 떠나고
출렁, 수평선이 물소리를 쏟았다

Snowfall that never stops
The scenery calmly flows into the sea

The train leaves
Rumbling, the horizon poured the sound of water

김가연 / 해미읍성 탱자꽃

나무의 이력

History of Tree

돌부리에 걸려
회화나무 휘청했다

개미가 지나가고
별이 떨어졌다

물푸레나무 가지를 잘라 만든 활, 당긴다

화살이 꽂힌 서쪽 하늘, 피가 흥건하다

The locust tree stumbled
after getting caught on a rock

The ants passed by
and the stars fell

Pulling a bow made from ash tree branches

The west sky where the arrow was pierced is filled with blood

김가연 / 해미읍성 탱자꽃

나팔꽃

Morning
Glory

사라지는 것을 흐리게 바라보며
꽃 지나간다

옛일 되어도 흐려지지 않는 기억은
그냥 지나가게 두고

죽어서라도 만나라고
피는 꽃을 복제하며

혼자 쓰고 혼자 지우는 나팔꽃 아침

Flowers pass by
as we bluntly watch them disappear

Let the undiminished old memories
just pass by

Cloning flowers that bloom
so that we can meet them even after death

A morning glory that one writes and erases alone

해미의 별

Star of Haemi

나도 당신처럼
아름다워질 수 있을까

당신의 길 되고
당신의 생명 될 수 있을까

성벽을 오르는 발에 피가 맺혔다

꿈속 아이들이
잠결에 눈 비빌 때마다
서쪽 하늘에 별이 하나씩 돋았다

Can I become beautiful
just like you

Can it become
your path and your life

Blood beaded on my feet as I climbed the castle wall

Every time the children in the dream
rubbed their eyes in their sleep
stars appeared one by one in the west sky

가오리연

Stingray Kite

너는 차츰, 부풀어 올랐지
하늘을 향해, 멀리 멀리

저 멀리
손이 잘리고 손짓이 잘리고, 사라져버려,

높이, 더 높이
춤을 추듯 둥실, 둥싯

바다 한가운데
가오리 한 마리

멀어지며, 흐려지며
점점…

You gradually swelled up
Towards the sky, far far away

Far away
Your hands and gestures are cut off and disappear

Higher, more higher
Floating like a dance

One stingray
in the middle of the sea

Receding and blurring
More and more...

김가연 / 해미읍선 탱자꽃

성벽을
넘다

Climb over the
Castle Wall

성벽을 오른다
고단한 하루를 보내고
백성들 안녕을 염려하는 밤 깊다

찬바람이 성돌의 침묵을 훑는다
시베리아를 건너온 새들의 목소리
망루에 일렁인다

염원을 뚫고 나온 담쟁이
성벽을 넘는다

Climb over the castle wall
It's deep into the night after a tiring day
worrying about the well-being of the people

The cold wind sweeps through the silence of Seongdol
The voices of birds crossing Siberia
sway in the watchtower

The ivy that broke through the wishes
climb over the castle wall

김가연 〜 해미읍성 탱자꽃

탱자성

Trifoliate
Orange Castle

꽃 피었더라
곱게 피었더라

해미 담장에
하얗게 피었더라

꽃 환하니
봄 환하더라

봄 환하니
얼굴 덩달아 환하더라

Flowers bloomed
It bloomed beautifully

It bloomed white
on Haemi's wall

The flowers were bright
and spring also brightens

Spring is bright
and face brightens as well

김가연 / 해미읍성 탱자꽃

천수만을 바라보다

View of Cheonsu Bay

아무렴
그 모진 일 다 잊을 수는 없네

철사에 묶인 자리 가벼울 수 없네

하루에도 수십 번
천수만 갈대숲을 깨우는 당신

일제히 일어서는 뭇 목숨

죽지 않는 생생한 얼굴로
끝내 천수만 건너오네

No matter what
all the harsh times cannot be forgotten

The seat tied to the wire is heavy

You wake up the Cheonsu Bay reed forest
dozens of times a day

All lives rising in unison

With a strong face that never dies
Finally cross the Cheonsu Bay

김가연 / 해미읍성 탱자꽃

겨울 소나무

Winter
Pine Tree

척설을 인 채
눈길 가는 저 소나무

기억은 푸르고
초록은 그대론데

반은 놓치고
반은 기울었구나

A pine tree on the snow path
with a lot of snow piled up

The memories are blue
and the green remains the same

Half of it is lost
Half of it is tilted

김가연 / 해미읍성 탱자꽃

해미의 길

Road of Haemi

변명하지 않겠습니다
애써 위로하지 않겠습니다
마지막이란 말은 더더욱 하지 않겠습니다

성벽 아래 묻어 둔 인연
겨울 해가 짧은 날을 재촉합니다

내일을 준비하는 새길 보입니다

I won't make excuses
I won't try to comfort you
I won't ever say this is the end

The relationship buried beneath the castle walls
The short days of the winter sun are hastening

A new path that prepares for tomorrow can be seen

김가연 / 해미읍성 탱자꽃

지나온 길

Road We Passed

이 길은
누군가 이미 지나간 길

푸른 빛으로 와서
붉은 열망으로 가는 길

이미 재가 된 이름들이
들꽃으로 피는 길

누군가 다시 올 길

This road
has already been passed by someone

The path that comes with blue light
and leads to red aspiration

Names that have already become ashes
bloom as wildflowers on this road

A road that someone will come back to again.

김가연 / 해미읍성 탱자꽃

돌의
맥박
―

Pulse of
Stone

바람의 옷을 입었네

우주의 언어로 말하네

눈부신 날개를 가졌네

흔들리지 않는 자세로

하얗게 졸고 있는

깊디깊은 저 고요

Dressed in the wind

Speaks the language of the universe

It has dazzling wings

In an unwavering position

White and dozing

That deep, deep silence

어떤
질문

———

Certain
Question

돌 하나 어깨에 올려놓는다
뒤에 온 사람도 그다음 사람도

누군가 말했다
질문이 필요해
그러자 암묵으로 서로에게 물었다

서로의 질문이 되고
서로의 답이 되며

같은 질문을 하며
같은 위로를 하며

서로가 얼마나 필요한지 생각했다

A stone is placed on one's shoulder
The person behind and the person after that

Someone said
they need a question
So they silently asked each other

They become each other's questions
They become each other's answers

Asking the same questions
Giving the same comfort

They thought about how much they needed each other

김가연 / 해미읍성 탱자꽃

해미읍성
솔밭

Haemi Eupseong
Pine Field

부화를 시작한 숲이 출렁인다

조심스레 나뭇잎 굴리는 소리
비의 혈관을 가진 꽃잎 수런댄다

바람 무늬가 새겨진 나뭇잎이
연둣빛 알을 낳는다

바람의 곁말들이 사선의 빗소리를 그린다

The forest that is about to hatch is shaking

The sound of leaves gently rolling
Petals with rain veins flutter

Leaves with wind patterns
lay light green eggs

Words alluding to the wind draw the diagonal sound of rain

잠들지
않는 돌

Sleepless
Stone

　　　　암묵과 주저로
　　　　번뇌와 통증으로
　　　　잠들지 못하는 돌

　　　　저를 증명하는 일이
　　　　어찌 그뿐일까만

　　　　저를 태워서라도
　　　　어둠을 밝히려는 돌

　　　　그렇게 또 한 생
　　　　기다리는 돌

In silence and hesitation
In anguish and pain
A stone cannot sleep

That's not the only thing that proves me

A stone that wants to light up the darkness
even if it means torching me

So again, the stone waits for another lifetime

김가연 〜 해미읍성 탱자꽃

돌이
돌에게

From Stone
to Stone

잠자리 떼 잠시 내린 거기,
네가 있다

이따금 견고한 고요를 엿보고 가지만

풍경 너머 흔들림 없는 자세로

불러주지 못한 이름과 붙여지지 않은 빛깔로

너는 거기 있다

Where a flock of dragonflies fell for a while,
You are there

Sometimes I catch a glimpse of solid silence, but

With an unwavering stance beyond the landscape

With a name that could not be called and a color that was not given

You are there

발자국
따라

―

Following
footprints

눈보라 치는 길 있었네
흰 눈발 속으로 걸어가는 사람 있었네

미로처럼 사라진 발자국을 따라
마중 나가던 길 있었네

눈길에 혼자 남은 저녁 있었네

There was a blizzard on the road
Someone was walking through the white snow

There was a path where he followed the footsteps
that disappeared like a maze to meet someone.

There was an evening left alone in the snow

푸른
성벽

―

Blue Castle
Walls

　

탱자꽃 피면
봄날이 한꺼번에 달려 나왔다

끝없는 열망으로
따스하고 뭉클한

먼 우주로부터 듣는
부드러운 음성

손 내밀어 잡은 손
하얗게 일렁이는 돌의 연대기

When the trifoliate orange flower blooms
The spring days rushed in all at once

With endless desire
Warm and touching

A soft voice
heard from distant space

A chronicle of a hand reaching out
A white shimmering stone

진남문
자전거

Bicycle at the
Jinnammun Gate

남문 밖 버려진 자전거

그것이 성문이 그리는 그림인지
자전거가 그리는 성문인지 알 수 없지만

나는 그것이
당신의 노래일지도 모른다는 생각을 한다

은행나무 잎새마다 바퀴를 달고
북대北帶를 향해 울리는 벨소리

무너진 성벽 넘어
푸르게 일어서는 낡은 자전거

An abandoned bicycle outside the south gate

It is unclear whether it is a picture of a castle gate
or a gate drawn by a bicycle

A thought comes to mind
that it might be your song

Each ginkgo tree leaf has a wheel
and rings a bell toward the northern region

An old bicycle rising beyond
the collapsed castle wall

대설
주의보

Heavy Snow
Warning

종일 서서
눈발에 은행나무 흐려지고

종일 지쳐서
은행나무 눈발로 서 있고

돌의 가슴을 딛고
한 발 한 발

성벽이 걷기 시작했다

Standing all day long
the ginkgo trees become blurred by the snow

Tired all day long
stand under the ginkgo tree in the snow

Stepping on the heart of stone
step by step

The castle walls began to walk

크고
작은 돌
—

Big and Small
Stones

산수유나무가 낳은 아기새 한 마리
느티나무로 날아간다

푸른빛을 간직한 별

단단하고 견고한
목숨의 새살

A baby bird born from a Cornus officinalis tree
flies to a Zelkova tree

A star with blue light

The hard and solid
flesh of life

성돌의
새벽

―

Dawn of
Castle Stone

만삭의 아내는
마당에 수국이 피어 밤이 더욱 밝노라 쓰고

고쳐 쓴 편지에
이 밤은 바다에도 길이 생기오, 라고 쓴다

부디 몸조심하오
전하는 안부가 연음으로 들려왔다

A pregnant wife
writes that the nights are brighter because of the hydrangeas in the yard

She rewrote in the letter,
"This night, even the sea has a path."

Even the sea has a path tonight

Please be careful
Her worried words are heard slowly

사람,
풍경이 되다

People become
Landscapes

사람이 지나간 자리 제비꽃 핀다

사람이 풍경이 되는 시간은
불과 백 년

둥근 울음 터뜨리는 무덤가
오이꽃 냉이꽃 반짝인다

꽃씨가 꽃을 피우는 데 걸리는 시간은
불과 일 년

꽃 진 자리 사람이 핀다

Violets bloom where people pass by

It only takes a hundred years for a person
to become a landscape

Cucumber flowers and shepherd's purse flowers sparkle
at the graveside and burst into tears

It takes only one year
for a flower seed to bloom

People bloom where flowers bloom

김가연 / 해미읍성 탱자꽃

둥근
꽃

Round
Flower

폭발이다, 거대한 우주 대폭발이다

단 한 번의 폭발로
단숨에 가 닿은 둥근 감옥

거친 파도를 보내온 저녁
멸망의 시간을 지나온 호야나무
비를 적시는 핏발의 눈동자

It's an explosion, a vast cosmic explosion

A round prison reached at once
with a single explosion

An evening with rough waves
Hoya tree that has passed the time of extinction
Bloodshot eyes soaked in rain

김가연 / 해미읍성 탱자꽃

뜬
눈으로
―

With Open
Eyes

누가 나를 끌고 간다

핏발 서린 창과 칼 대신
풀과 꽃을 키우는 성벽

깃발과 북소리 재우고
잠들지 못하고 뜬눈으로 깨어

누군가 이 단단한 밤을
끌고 가나 보다

Someone drags me

Castle walls that grow grass and flowers
instead of bloody spears and swords

The flags and drums fall asleep
Unable to fall asleep and stays up with open eyes

It seems like someone is dragging
this solid night away

이름을
얻다

Getting a
Name

밟히고 꺾여도
시퍼렇게 다시 살아나는 풀이다

온몸의 고초 견뎌내고
끝내 일어서는 등불이다

들뜬 걸음으로
가만가만 눈 뜨여 오는

탱자성
꽃 오는 소리

심장이 뛰었다
탱자성 새 이름을 얻다

Grasses comes back to life
even if it is bent and trampled

The lamp that stands up
after enduring all the hardships of the body

With excited steps
Eyes slowly open

Trifoliate Orange Castle
The sound of flowers coming

The heart races
Trifoliate Orange Castle gets a new name

김가연 〜 해미읍성 탱자꽃

해미천
따라

Following the
Haemi Stream

대곡리에서 시작된 물줄기 해미천에 모여
다시 휴암리 응평리 귀밀리에 이르면
모래 속 반짝이는 시간의 사금

A stream of water from Daegok-ri gathers at Haemi Stream
When it reaches Huam-ri, Eungpyeong-ri, and Gwimilli,
It becomes a golden time sparkling in the sand

김가연 / 해미읍성 탱자꽃

전생의 꿈

Dreams of
Past Life

해 질 무렵
누군가 업고 온 그림자가 나를 세운다
먼 길 돌아온 어깨가 수고를 감싼다

더듬더듬 찾아간 기억 속 그림자 하나
낮은 소리로 하루를 어르던 소리
차마 놓지 못한 귀뚜라미 소리

밤새 고단을 닦는 너머의 같은 손짓으로
빗속에 서서 성벽의 숨소리 듣는다

At sunset
A shadow carried by someone lifts me up
The shoulders that have come a long way understand my efforts

A shadow in the memory I fumbled for
A sound that soothes the day in a low voice
The sound of crickets that it couldn't let go of

Standing in the rain and listening to the breathing of the castle walls
with the same gesture of the other side that wipes the high altar all night long

해 미 읍 성   탱 자 꽃

무명의 순교자
슬픔을 벗는다

압송로

Apsongro

생각은 저마다 골똘하여 어둠 속에서도 빛났다
어둠을 만지작거리는 바람의 기침 소리 붉었다

면천 황무실 마을, 덕산 용머리 마을, 삽교 배나드리 마을에서
잡혀 온 천주인들이 한티고개 마루에서
마지막으로 고향 마을을 뒤돌아보았다

해미읍성에 당도하니 밤이 되었다
하얗게 탱자꽃이 피었다

좀처럼 바람은 자지 않고
비가 내렸다
젖은 나무들이 몸을 떨었다

빗소리가 불탄 나무의 살점을 어루만졌다

* 해미순교성지 인근에 내포 지방에서 해미로 넘어가는 순교자 압송로였던 한티고개가 있다. 고갯길에 있는 십자가의 길은 정상의 1처를 시작으로 해미 방면으로 14처가 설치되어 있다. 1800년대 병인박해 등 천주교 박해 당시 내포지역의 수많은 천주교 순교자들이 서산해미읍성과 해미순교성지(여숫골)로 압송됐던 경로다.

Thoughts were so deep that they glowed even in the dark
The coughing sound of the wind touching the darkness was red

The captured Catholics from Hwangmusil Village in Myeoncheon,
Yongmeori Village in Deoksan and Baenadri Village in Sapgyo
looked back at their hometown village for the last time at the ridge of Hanti Pass

Night fell when we arrived at Haemieupseong Fortress
White tangerine flowers bloomed

The wind did not stop
and started raining
The wet trees trembled

The sound of rain caressed the burned flesh of the tree

김가연 / 해미읍성 탱자꽃

목숨
꽃

―

Flower of
Life

회화나무 살갗에 패인 자국
봄비로 씻으시고

불모의 풀밭에
목숨 꽃 피었다

꽃이 자랑이 될 순 없지만
꽃을 피우는 일은 자랑이 될 수 있다

꽃을 안고
나는 당신을 생각한다

꽃을 안고
내가 당신을 생각하는 것은

허물어진 성벽을 바라보는
눈빛 같은 것이어서

오래도록 나를 헐게 한다
눅눅한 숲 우물가
봄을 찢고 피는 목숨 꽃

The spring rain washes away the dents
in the skin of the prickly pear tree

A flower of life bloomed in a barren meadow

Flowers cannot be something to be proud of
but making flowers bloom can be something to be proud of

Holding flowers
and thinking of you

To hold flowers
and thinking of you

It's like looking at a collapsed castle wall

It breaks me down for a long time
The flower of life that blooms in the spring
at the edge of a damp forest well

김가연 〜 해미읍성 탱자꽃

이름 없는
순교자

Nameless
Martyr

> 어린 누이의 이름이다
> 짐승 같은 나무에 매달린 누이의 얼굴이다
> 그해 여름 폭풍에 잘려나간 나무는 바람이 되었다
> 죽어서도 자라는 누이의 머리칼이 회화나무를 감쌌다
> 팽창한 하늘에 꿈틀거리는 붉은 혓바닥
> 말하지 못한 말들이 회화나무 속에 박혔다
> 그 속으로 들어가면 초록의 피가
> 죽지 않은 죽음을 이야기하고 있었다

* 해미성지에 무명 처형자가 많은 이유는 사후에 문책 거리가 될 만한 신분의 사람들은 인근 공주나 홍주로 보냈기 때문이다. 따라서 이곳에서 처형된 자들에 대해서는 가급적 기록을 남기지 않을 수 있었다. 그들 대부분은 서민층일 것으로 추정되고 있다.

It's my little sister's name
It's my sister's face hanging on a tree like an animal
The tree that was cut down by the storm that summer became the wind
My dead sister's hair still grew and covered the locust tree
Red tongue wriggling in the expanding sky
The unsaid words were stuck in the locust tree
In it, green blood talks about death that is not dead

김가연 / 해미읍성 탱자꽃

회화나무의
몸

Body of
Locust Tree

여기까지 오느라 발목이 휘었구나

푸른 잎 새로 돋는 해미읍성 회화나무
맑고 순한 몸 되었구나

몸속 울음 다 뱉어내고 텅 빈 몸 되었구나

The ankles are bent on the way here

The pagoda tree in Haemieupseong with its new green leaves sprouting has become clear and gentle

It had let out all the crying and became an empty body

김가연 / 해미읍성 탱자꽃

옥사의 새벽

Dawn of Prison

옥사 바닥에 뒹구는 서툰 잠

거친 숨 밤하늘을 휘젓는다

꿈속에서 까만 아이들이 손을 흔든다

성 밖을 떠도는 별, 별

낯선 방, 창살에 걸린 새벽이 차갑다

Rolling around on the floor of a prison cell and having trouble sleeping

Rough breath stirs the night sky

Children waved their hands in a dark dream

Stars, stars wandering outside the castle

The dawn hanging on the bars of an unfamiliar room is cold

김가연 / 해미읍성 탱자꽃

별이 되다

Become a Star

회화나무에 묶인 영혼들
다시 불러 마주 보는 그날의 통증

서쪽 하늘이 돌의 눈빛 깨운다
노을에 찔린 눈동자 피 흘린다

태풍이 눈을 감는다

녹슨 철사 자국에 새잎 돋는다

The souls tied to the locust tree are called back
to face the pain of that day

The western sky awakens the eyes of stone
Eyes pierced by the sunset bleed

The typhoon closes its eyes.

New leaves sprout from rusty wire marks

한 가지
기도

Single
Prayer

울 밑 맨드라미가 제 몸을 찢고 나왔다
끝내 놓쳐버린 손금 다시 긋는다

흐려진 생명선을 따라가면
돌의 살빛이 낳은 성돌이 누워 있다
바다로 간 수병의 음성 들린다

열두 목숨 거두시고
오직 한목숨 들어주소서
열두 번 다시 죽어도
오직 한목숨 건져주소서

여름이 끝나도
여름의 여정은 계속되었다

A cockscomb under the wool tore its body to come out
It redraws the palm lines that were eventually missed

If you follow the blurred lifeline
you will find a sacred stone created by the color of the stone
You can hear the voice of a sailor who went to sea

Take away twelve lives
and please grant one life
Even if I die twelve times
please grant one life

Even after summer ends
The summer journey continues

김가연 ― 해미읍성 탱자꽃

꽃
무덤

Flower
Grave

숨결은 숨결대로
살점은 살점대로

찢기고 갈라져 피로 물든 여숫골
흩어진 꽃잎들 다시 불러 마주하네

퍼낼 수 없는 저 깊은 슬픔
어찌할 수 없는 저 깊은 심해

검은 나무뿌리 휘감고
연둣빛 실핏줄이 전생의 나를 감싼다

Breathe as breath
Flesh as flesh

Yeosutgol is torn, cracked, and stained with blood
The scattered petals are called back to face each other

That deep sadness that can't be scooped out
That deep sea that cannot be helped

Black tree roots entwine
and light green veins surround me in my past life

말씀의 꽃

Flower of Word

마지막 숨 몰아쉬며 쓰러지던 날
죄 없는 생명이 죽고 또 죽었다
절망이 나뒹굴고 위로는 무거웠다
순한 눈빛 가슴에 박혔다
성루의 별빛
돌이 숨 쉬는 소리 듣는다

The day it took its last breath and collapsed

A sinless life died and died again

Despair was rolling around and the comfort was heavy

The gentle eyes stuck to the heart

Starlight of the castle tower

Hear the stone breathing

김가연 / 해미읍성 탱자꽃

해미읍성 탱자꽃

탱자성 사람들의
하얀 귓속말

해설
신성한 피의 제단을 그린 추상화

신익선 / 문학평론가

1. 들어가는 말

시인은 사유思惟한다. 시인은 현상과 본질, 현실과 이상, 삶과 죽음, 밝음과 그늘, 한 올의 바람과 일렁이는 산 안개, 한 알의 모래와 하나의 작은 돌멩이 등등의 관념과 대상이 한데 섞여 전혀 새로운 형상과 신비한 의미가 담긴 시 항아리를 내보인다. 시 작품이다. 시 작품에 녹아 흐르는 은유와 상징의 속살이 무궁하다. 단 한 편일지라도 시란 그 자체로 신비로운 무엇이다. 그러한 시 작품들이 무려 이백 오십여 편 운집한 김가연의 『육백 년의 약속』은 특이한 시집이다. 통상의 일반시집 수권을 상회하는 시편의 막대함도 놀랍거니와 그 안에 수백 년을 살아온 해미읍성의 역사와 문화, 종교와 철학이 운문으로 집대성되어 있는 데 주목하지 않을 수 없다.

시 원고를 읽으면 단번에 알 수 있다. 웬만한 시력詩歷으로는 엄두도 못 낼 이번 시집 출간은 필연적으로 역사의 이면을 배회하는 어떤 존재에 의탁하지 않을 수 없었을 것이란 점이다. 손쉬운 집필이 아니다. 다수의 시편을 창작하는 데 혼자만의 사유로는 시적 대상에서 감지되는 추상과 관념의 표현과 재정립에 한계를 겪기도 했을 것으로 짐작되는바, 막막함과 막연함에다 어떤 두려움까지 밀려 왔을 것이다.

골방에 칩거하여 한 올의 바람과 한 무더기의 돌에서 전해져 오는 숨소리의 절망과 음성들을 듣지 않고서야 어떻게 이 많은 시편과 시상들을 총망라하여 풀어낼 수 있단 말인가. 더구나 김가연은 이미 충남지방과 서산지역 초유의 디카시집,『해미읍성, 600년 역사를 걸어나오다』를 발표한 바 있다.

당시 출간된 디카시집에 총 일백여 편 이상의 시가 실려 있다. 해미읍성이 지닌 역사 문화적 가치와 정신세계의 영원성을 궁구한 시집이었다. 연이어서 펴내는『육백 년의 약속』은 상권, 중권, 하권이 합본된 것으로 각각 상권-민초가 쌓은 성, 중권-사람, 풍경이 되다, 하권-생명의 말씀 등으로 구성되어 있다. 지난번 디카시집 시편과 이번 시편들을 합치면 거의 삼백육십여 편에 이르는 해미읍성 시편이 생성된 셈이다. 모두가 해미읍성의 대서사다. 운문으로 된 해미의 문학이면서 운문으로 된 해미의 문화다. 운문으로 된 서산의 역사서이자 운문으로 된 해미읍성의 함성이다.

해미는 특히 신성한 피를 쏟은 종교적 제단의 현장이다. 피는 생명의 근원이다. 그 생명의 근원인 피로 점철된 땅, 해미는 그 이름만으로도 경건해지는 곳이다. 누가 뭐래도 해미 땅이야말로 제주도에서 함경북도에 이르는 한반도 전체에서 가장 신성하고 거룩한 땅이다. 무고한 백성들이 예수, 마리아라는 이름을 부르다 무수히 참살당한 피 흘림의 성지이다. 시집 원고를 펼치기 전에 먼저 긴장하면서 옷깃을 여미어 마음을 가다듬는다.

2. 민초가 쌓은 성

상권은 해미읍성 축성築城에 대한 기록이다.

해미는 원래 서해안에서 가장 높은 산인 가야산을 배경으로 코앞에 바다를 접한 잡초 우거진 해안가 땅이었다. 해미에 병마절도사영이 세워졌다.

조선은 팔도에 병마절도사영兵馬節度使營을 설치하고 책임자인 병마절도사兵馬節度使(종2품)를 두었다. 조선조 육군의 최고 지휘자인 병마절도사는 생사여탈의 권력을 가진 자들이었다. 절대 군주인 태종의 명이 근거였다. 당나라 황제로부터 고명誥命과 인신印信을 받아 스스로 조선의 창업 군주라 칭하며 조선 통치의 명분을 세운 태종은 왜구의 잦은 침략에 대한 방비와 서해안의 수호를 위해

신하들을 충청도로 보내어 새로운 충청병마절도사 설치 장소를 살핀 결과, 바다에 인접한 고장인 해미海美에 존치한다는 어명을 내렸다. 이로써 덕산에 있던 충청병마절도사영이 이전(1418년. 태종18년)된다.

그 직후에 이른바 해미읍성 축성이 이루어졌다. 충청도 육군의 최고 책임자인 병마절도사가 머물 숙소는 중요한 요새였다. 백성의 안위를 지키고 위엄 서린 영기令旗를 꽂을 성루가 긴요하였다. 충청도의 원근 각처에서 모인 백성들이 해미를 터전으로 성을 쌓았다. 유독 탱자나무 울타리가 성을 둘러싸고 있어 일반 백성들이 지성枳城, 즉 '탱자성'이라 부르는, 훗날의 '해미읍성'이 축성되는 순간이었다. 백성들은 성벽 쌓을 구간을 설정하여 돌을 날라 성을 쌓고 아래에서 위로 쌓은 성돌에 각자刻字하여 놓았다. 성을 쌓아 올리는 '축성'과 '각자석刻字石', 바로 이 두 장면은 김가연이 이 장대한 시집의 첫 서사를 출발하는 '성벽을 쌓는 일'의 시점이기도 하다.

    심중에 돌 심는 사람,

    횃불 되는 단단한 기도,

    지칠 줄 모르는 새벽,

기도하며 북 치는 해미의 꿈

-「성벽」전문

온다, 내게로 온다

공주에서, 충주에서, 임천에서 달려와
내 몸이 된다

한밤중,
내 귀 열어 너의 심장 소리 듣는다
눈 감고 두고 온 것들을 생각한다
이슥토록 멈추지 않는 손에 붉은 피가 맺혔다

풀밭에서 물결 속에서 속삭인다
내가 모르는 내가 내 손을 잡는다

내 가슴에 발소리 내려놓고
또 한 생이 잠든다

-「각자석刻字石」전문

해설

'해미읍성'이 축성된 해미 땅은 육지다. 돌 쌓을 성터를 다지고 돌을 나르며 축성에 피땀 흘리는 현장이다. 원근 각처에서 온 백성들이 돌을 쌓았다. 이 광경을 표현한 핵심은 '심중'이다. 돌을 쌓아 올리는 현장이 육지라는 '땅'이 아니다. '심중'이다. "심중에 돌 심는 사람"이라 했다. 단순히 돌을 날라 쌓는 일, 그런 축성도 아니다. "횃불 되는 단단한 기도"이다. '해미읍성' 축성은 그러니까 사람들의 '심중'과 '기도'가 합일된 신비로운 역사의 시작이었다. '해미'는 단순히 육지, 땅, 터전 등으로 구역을 갈라 눈으로 식별되는 영역이 아니다. 사람의 '마음' 그 자체인 것이다. '마음'도 예사 '마음'이 아니다. '마음'의 중심부위, '심중'이다. 소중한 관점이고 존귀한 시어다.

이 '심중'의 '기도'는 훗날, '해미'에 어떠한 일이 벌어질지를 가늠케 한다. '해미'가 어떠한 위상을 지니는지를 예언하는 단서다. '해미'를 싱싱하게 일깨워 아름답게 인도해주는 '새벽'과 '꿈', 곧 "지칠 줄 모르는 새벽,/기도하며 북 치는 해미의 꿈"이 될 것이기 때문이다. '새벽'과 '꿈'은 인간 본연의 본체. 새벽은 하루의 시작을 상징한다. 꿈은 인간의 시작을 상징한다. 시작은 신선한 호기심을 머금은 삼라만상의 생명체다. 시작이 첫 출발점이다. 살아 있는 생명체로서 무언가를 구상하고 추진해나가려는 새벽과 꿈, 이 둘이 요체다. 이 둘이 없이는 사람은 사람으로 살 수 없음이 시편에 녹아 있다.

한편, 「각자석」은 예지의 시편이다. "이슥토록 멈추지 않는 손에 붉은 피가 맺혔다"라는 간단하지 않은 예언이 내재한다. 성 쌓을 돌을 운반하여 각을 맞춰 쌓아 올리는 축성 작업은 예나 지금이나 석수장이 몫이다. 그를 뒷받침해주는 백성들의 손톱에 피멍울이 맺혔다. '붉은 피'는 축성할 때만 흘리는 것이 아니다. 서해안을 근거지로 살아가는 백성들은 노상 왜구에 시달리며 살았다. 왜구는 갑자기 배를 타고 출몰하며 해안가를 급습하여 해안가 백성은 초근목피로 연명키 일쑤였다. 이런 외부환경이 주는 고단함도 크거니와, 내부적으로 힘겹게 살아내는 일이란 "풀밭에서 물결 속에서 속삭인다/내가 모르는 내가 내 손을 잡는" 일이었다. '내가 모르는 내가 손을 잡는 일'은 불가항력의 일들을 말함이다. 그를 극복하기 위하여 축성하며 글자를 새겼다. "공주에서, 충주에서, 임천에서 달려와/내 몸이 된" 사람들은 성벽의 각자석에 묻혀 잠을 잔다.

현재 확인된 '각자석'은 진남문을 기준으로 동쪽으로 가면서 성벽 밑에서 위로 3~5번째 돌에 지역 명칭을 공사 시점 구간과 끝 지점에 새겨 넣은 것이다. 새겨진 지명은 청주, 공주, 충주, 면천, 부여, 서천, 회덕 등 총 19곳이다. 오늘날의 행정구역상으로 보면 충청남도, 충청북도, 대전광역시 등 3개 시·도 11개 시·군의 지역 주민들이다. 이들은 모두 고인이 된 지 육백 년이 넘었다. 그러나 시적 화자는 이들이 "내 가슴에 발소리 내려놓고/또 한 생이 잠든" 상태라 한다. '잠든 상태'의 돌이다. '각자석'이란 그러므로 그냥 이름이 새겨진 성벽의 돌이 아니다. 잠자는 생명이다. 생명이 '각자석'에서 잠들어 있는 상태라는 것이다. 마치 사람이 밤에 잠을 자고 아침에 일어나듯이 '각자석'도 이른 아침이면 숨소리 싱싱한 '해미읍성의 새 아침'으로 변형된다. '각자석'의 '붉은 피'가 "피맺힌 호흡 꿈틀대는"「축성 완료」시편을 보자.

> 돌 이전의 돌로
> 모래 이전의 모래로
>
> 강 이후의 강으로
> 사람 이후의 사람으로
>
> 시퍼렇게 살아오는
> 천둥 같은 북소리로
>
> 피맺힌 호흡 꿈틀대는
> 해미읍성의 새 아침
>
> -「축성 완료」전문

축성은 무얼 뜻하는가. 단순히 돌을 쌓아 성벽을 만드는 일인가. 석수장이와 민초들이 징으로 쪼아 힘을 합쳐 정성껏 돌을 쌓는 일인가. "돌 이전의 돌로/모래 이전의 모래로 //강 이후의 강으로/사람 이후의 사람으로"는 무엇을 뜻하는가. '돌 이전의 돌'은 그저 마그마 상태일 것이다. '모래 이전의 모래'는 흙 알갱이였을 것이다. 이 물질들이 서로 합쳐져 해미읍성 성벽을 이루고 있으나 누가 알겠는가. 마그마와 흙이 새 진리를 천명할 것이다. 그걸 표현한 것이 바로 '강 이후의 강'이다. 해미읍성은 언젠가는 반드시 푸른 물결 넘실대며 흘러가는 '강 이후의 강'으로 참 진리를 세울 것이다. 해미읍성은 반드시 '사람 이후의 사람'으로 존재할 생명, 참 생명이 될 것이다. 이것이 김가연의 시어 사용방식이다.

김가연의 시편 상당수는 행간이 웅숭깊다. 연은 은유와 암호로 가득하다. "모든 것은 암호이다…… 그런데 시인은 번역가, 암호 해독가 아니고 무엇인가?"(『악의 꽃』)라고 한 보들레르의 말 그대로다. 「축성 완료」에 내재된 은유의 일정 부분은 해미읍성에 내포된 비가시성의 정신에 관한 것들이다. 평지에 세워진 해미읍성은 '진리와 생명'을 품은 "시퍼렇게 살아오는/천둥 같은 북소리"를 함유한 정신의 봉우리임을 에둘러 표현한 것이다. 과거의 축성을 말함이 아니다. 현재에도 '꿈틀대는' 살아가는 현실, 살아가는 오늘, 피 흘리며 살아내는 생의 현장이 해미읍성이고 그 정신이다. 이 해미읍성이야말로 전율하고 전율하며, 다가오는 사람들의 '새 아침'이란 것이다. 그리고 더 중요한 시어, 이들 속에는 '피맺힌 호흡'이 숨어 있다는 것이다.

'피 맺힌 호흡', 이것이 김가연이 해미읍성으로부터 듣는 음성이다. 이 음성은 오직 김가연만이 듣는 신비의 계시이기도 하다. 해미읍성을 다 쌓았다는 의미의 「축성 완료」의 시편의 결구는 신神이다. 신이 머무는 장소로의 공간이동이다. 역사의 내면을 향하여 '말'하는 영혼, 자기 자신을 뚜렷이 쳐다보는 '눈'이다. 그리하여 해미읍성은 마침내 '새 아침'을 여는 신비로운 영혼들의 성지가 될 것이다. 아래 시는 바로 그것을 표현한 시편으로 상권 『민초가 쌓은 성』을 완결 짓는다.

해미읍성 영혼이 깨어 말하길
일어나라, 일어나 가야산 첫새벽 되라

눈 밝히고 귀 씻어라

저녁 성벽이 빛난다
돌의 가슴을 열어라

끝이 둥근 망치와
식지 않은 북소리
죽은 자들의 얼굴 보인다

어둠 속,

일제히 일어서는 숨결

　　겨울바다를 건너온 거친 숨소리 들린다

　　죽어서도 푸른 해미의 눈

　　　　　　　　　　　　　-「해미병영성」전문

　우리 민족 고대국가 중 하나인 동부여의 부루왕은 늙도록 아들이 없었다. 득남을 위하여 산천에 제사 드리고 오던 중에 길을 막는 큰 돌을 치우니 금빛 개구리金蛙 형상의 아이가 있었다. 돌 속에서 왕자를 얻은 것이다. 하물며 생명을 담은 혼, 영혼이다. 그 영혼이 어찌 성벽 돌 속인들 깨어날 수 없겠는가. '해미읍성'은 일반 백성이 쉬 부르는 '해미병영성'이었다. 충청병마절도사의 표식인 영기가 나부끼고 장병들로 부산했기 때문이다. 김가연은 '해미병영성'을 호출한다. 기실은 영혼을 초혼招魂하는 것이다. "해미읍성 영혼이 깨어 말하길/일어나라, 일어나 가야산 첫새벽 되라" 외치는 음성을 듣고 썼다. 환청과 환각이다. '해미읍성'에 잠든 영혼이 해미읍성 곳곳에서 깨어나 "눈 밝히고 귀 씻는" 소릴 들었다. 거기에다 "끝이 둥근 망치와/식지 않은 북소리/죽은 자들의 얼굴" 역시 듣고 보았다. 그들은 한마디로 해미읍성이 제 눈동자에 달고 있는 그렁그렁한 눈물이었다. 눈물은 또 민초의 다른 이름이다.

　예로부터 민초民草란 무지렁이일망정 질긴 생명력을 가진 백성을 이른다. 낮에는 쥐 죽은 듯 잠잠하던 백성은 "어둠 속,/일제히 일어서는 숨결/겨울 바다를 건너온 거친 숨소리" 시행에서 표현되듯 '거친 숨소리'의 주인공이다. '거친 숨소리'라는 표현은 그 민초들이 무수히 피땀을 흘렸다는 의미를 내포한다. 시집 상권 『민초가 쌓은 성』은 결국 '해미의 눈'이란 결구로 마무리된다. '눈'에 방점을 찍는다. '눈'이므로 '보는' 역할을 한다. 그것도 심령의 심안으로 보는 새로운 관점의 '보는' 역할에 집중될 것이라는 김가연의 예시豫示의 시작인 것이다.

3. 사람, 풍경이 되다

중권 전체에는 해미읍성에서 살아가는 존재들의 이야기가 들어있다. 비단 사람 사는 이야기로만 한정되지 않는다. 동식물과 사물 일체에 이르기까지 대상 하나하나를 고안하고 꿈꾸면서 정신과 질료의 적극적인 대화를 시도하는 시편들로 가득하다. 김가연의 시 창작에의 노동이 결실을 맺은 시편들이며 이는 알랭이 그의 책 『예술의 체계』에서 "단단한 돌을 아름답게 하는 것은 얼마나 기쁜 일인가!"라며 탄복하는 데 필적하는 땀 흘림이다.

　　해미에 와서야 길 속에 태胎가 자라는 것을 보았다 그리고 그 길

이 돌에도 있다는 사실을 알게 되었다

눈 속 돌탑의 까치발로 서서 성벽에 기대 사는 백성이 있고 밤마다 성벽을 오르는 아이들 있다

서해를 지키는 병사들의 함성과 도비산 내달리는 말발굽 소리 들린다 깃발과 탱자꽃 사이 죽음으로 지켜온 목숨 펄럭인다

육백 년 성벽을 깨우는 해미읍성 사람들 보인다

─「해미읍성」 전문

오래전 시작되어 끝을 모르는 이야기
그래서 끝없이 이어지는 이야기

낙화의 거리를 재며
꽃을 그리는 꽃잎의 이야기

꽃을 읽을 줄 알고
꽃을 보듬을 줄 아는

탱자성 사람들의 하얀 귓속말

─「탱자꽃」 전문

왕의 행렬을 뒤따르는 말발굽 소리

태안으로 도비산으로
두루 평안을 살핀다

가슴 여는 병사들의 우렁찬 함성
북소리 울려 당도한 해미읍성

새벽 열어 비추는 햇살
상왕산 봉우리 잔설 녹는다

-「태종대왕」 전문

부름 받고 달려온다

소쩍새 운다
망초꽃 핀다

오직 내 몸을 단속하고
청렴한 자세로 뜻을 꺾지 않으니
낮은 자리에도 구차하지 않으리

홀로 깨어 마음 닦는
활시위 끝, 불면의 밤

-「충무공 이순신」 전문

해미읍성은 사람들로 붐볐다. 사람들은 "해미에 와서야 길 속에 태가 자라는 것을 보았다. 그리고 그 길이 돌에도 있다는 사실을 알게 되었"기 때문이다. '길 속'에, 해미에 난 길 속에 생명의 본체를 품은 아기집, '태'가 자라난다는 시어는 의미심장하다. '길 속의 태'라는 표현은 해미의 강인한 생명력을 은유하는 시어다. 이때 '길'은 자연공간인 동시에 인간이 거주하고 생활하는 문화공간이기도 하다. 이 길 속에 '태'가 있다고 한다. '태'는 가임可姙의 징표다. 이 '태'는 돌 속에도 있다. 이런 시어는 단도직입으로 직관이다. 일체의 연결고리를 배제하고 난 뒤에 심안으로 '보는' 풍경인 것이다. 이 '돌 속'에서 보고 듣는 것은 그럼 무엇일까. 김가연은 이들이 바로 "눈 속 돌탑의 까치발로 서서 성벽에 기대 사는 백성"들과 "밤마다 성벽을 오르는 아이들", "서해를 지키는 병사들의 함성과 도비산 내달리는 말발굽 소리"라고 정의한다. 역동성이 넘치는 관점이다.

정리하면, '해미읍성 사람들'이란 백성과 아이들, 병사들과 말발굽 소리 등을 포함한 다양한 존재들을 이른다. 쉬이 사람과 짐승이 공생하는 현장이 해미읍성이다. 그런데 이들의 공통점이 있다. 죽는다는 것이다. 생자필멸이기 때문이다. 그래서 김가연은 다시 또, "깃발과 탱자꽃 사이 죽음으로 지켜온 목숨 펄럭인다 // 육백 년 성벽을 깨우는 해미읍성 사람들 보인다"라는 결구를 선보인다. 해미읍성의 현실성, 생명성을 중시한 표현들이다. 탱자나무 울타리 둘러쳐진 성, 인근 사람들이 탱자성이라 불렀다. 성 밖으로 봄이면 탱자꽃이 만발한다. 성루에 나부끼는 깃발과 하얗게 피는 탱자꽃. 그 사이를 '죽음'으로 지켜온 '목숨'이 생존의 존엄과 존귀함이 발현된 시어로 되살아난다. 그렇게 육백 년이라는 시차를 초월하여 김가연은 다시금 해미 사람의 생을 쓴다. 온갖 애환을 겪어가며 일생을 살아내야 하는 질기디질긴 민중들이다. 가히 해미읍성의 대서사가 아닐 수 없는 풍경 묘사이다.

「탱자꽃」 시편은 '탱자성'의 탱자나무에 대한 명상록이다. "꽃을 읽을 줄 알고/꽃을 보듬을 줄 아는" 탱자성의 백성들은 "오래 전 시작되어 끝을 모르는 이야기/그래서 끝없이 이어지는 이야기//낙화의 거리를 재며/꽃을 그리는 꽃잎의 이야기"를 나눈다. 오늘의 장삼이사들처럼 삶의 고개를 넘어가며 서로 이런저런 이야기를 나눴다는 것이다. 상상에 터 잡았으나 지극히 일상적인 터치이다. 이런 시어들은 마지막 연에서 갑자기 몸을 바꾼다. "탱자성 사람들의 하얀 귓속말"이 그것으로, 사람이 죽었을 때 영혼을 불러오는 의식의 하나인 지붕 위에 올라가서 흰 광목 저고리를 휘두르는 일과 동등함을 암시한다. 즉 초혼의 하나다. 우리 민족의 정서상 하얀 색은 그런 의미를 내포한다. 자연스럽게 '하얀 귓속말'은 영혼의 밀담으로 해석되는데 흰옷, 하얀 귓속말, 하얀 탱자꽃은 모두가 영혼과 상관된다. 탱자성 울안의 '탱자꽃' 서사는 기실 영혼을 드러내 보인 시편이다.

「태종 대왕」 시편은 조선의 절대 군주인 태종이 해미성을 찾는 서사를 갖고 그 광경을 썼다. 행간을 읽어보면 태종이 해미와 태안반도에 도착한 때는 초봄이었을 것이다. '잔설'이 녹는다는 표현으로 보아 서해안의 봄이 눈을 뜨는 시점일 것이다. 이로써 해미의 해미읍성은 확고부동한 역사적 위계를 갖춘 성으로 각인된다. 해미를 다녀간 발걸음은 태종뿐이 아니다. 청년 이순신도 해미에서 열 달을 복무하였다. "오직 내 몸을 단속하고/청렴한 자세로 뜻을 꺾지 않으니/낮은 자리에도 구차하지 않으리"라는 구절은 충무공에 대하여 이식李植이 쓴 문헌 기록인 「행장行狀」을 빌린 문장이다.

　이밖에도 "한티재 바람결에/약용아, 약용아, 부르는 소리//두 손 모아/부끄러운 얼굴 닦는다"(「다산이 되어」 일부)에서 보듯이 잠시(열흘)지만 정약용도 해미를 거쳐 갔다. 다산 정약용은 형제들이 '천주쟁이'로 당당하게 죽음을 맞을 때, 배교背敎하여 참수형의 위기를 벗어나 방면되었다. 마음속으론 천주를 신앙하는데 입으로는 부정해 버린 것이다. 그 대신 목숨을 유지할 수 있었으나 시적 화자는 신앙을 저버린 모양새를 '부끄러운 얼굴'로 규정한다. 신념을 저버린 행위에 대한 비판이 아닐 수 없으나 그전에 자유와 행복을 추구하는 기본 권리조차 부정하는 왕정의 잣대가 얼마나 엄혹했을지 생각해보게 된다. 특히 종교의 자유를 헌법에 명시하고 있는 오늘에 비하면 격세지감이 크다. 영조의 명으로 서산 해미에 유배 온 정약용의 일신을 쓴 시이면서 동시에 종교의 자유를 박탈당한 참담함이 들어 있는 시편이다.

그토록 참담하고 처절한 삶의 무게를 눈으로 본 그 당시의 '새'들은 죄다 어디로 가 있을까. 발자국을 남기지 않는 새들조차 "새들이 벗어놓은 발자국에 밑줄을 긋는" 현장을 기록한 작품이 「해미읍성 찔레꽃」으로, "꾹꾹 눌러 쓴 그 날의 일기//내 전생의 풍경 속으로//찔레꽃 날아오르는"(「해미읍성 찔레꽃」 일부) 풍경이 제시된다. 사람이 풍경이 될 뿐만 아니라 일기와 전생도 풍경이다. "사람이 지나간 자리 제비꽃 핀다/사람이 풍경이 되는 시간은/불과 백 년// 둥근 울음 터뜨리는 무덤가/오이꽃 냉이꽃 반짝"(「사람, 풍경이 되다」 일부)이는 풍경으로 전이되어 "아직도 만나지 못한 훗날의 눈동자"를 가진 「기다리는 사람」이 된다.

특히 눈길을 끈 「기다리는 사람」은 이 시집 중권에 배치된 작품의 백미라고 해도 과하지 않을 것이다. 먼저, 상권에 실린 「해미병영성」의 '눈'이 중권에 이르러 기다림으로 설레는 '눈동자'가 된다. '기다림'이 있다는 것은 "눈부신 날"이면서 "모든 별의 이름과 돌의 이름을 불러보는 일"이라 한다. '기다리는 사람'을 만나는 일이란 황홀하기만 한 일일 것이다. 너무나 눈이 부셔 '눈멀고' 마는 일이다. 굳이 해석이나 분석이 불필요한 「기다리는 사람」을 제시하면서 중권의 시편들, 『사람, 풍경이 되다』 부분을 마무리하기로 한다.

그리고 나는 오늘도 하루를 준비합니다

눈길이 향한 곳에선 길이 자라고

그 길 끝에 당신이 있습니다

미열의 밤마다 이마를 짚어주던 당신은

나뭇잎이 넘기는 종소리며

아직 만나지 못한 훗날의 눈동자였습니다

오늘도 당신은

떠난 길을 걱정하다가 하얗게 울다 갑니다

첫날이며 마지막인 당신이

성벽에 묻어 둔 돌의 아침을 준비합니다

달을 만지는 일은 불을 만지는 일

서로의 얼굴을 비춰주며 눈부시던 날

모든 별의 이름과 돌의 이름을 불러봅니다

그런 날은 눈이 멀고

길이 눈 속에 들어와 눕곤 했습니다

- 「기다리는 사람」 전문

4. 생명의 말씀

하권 『생명의 말씀』은 그야말로 생명의 말씀에 대한 기록들이다. '생명의 말씀'은 신앙을 논할 때 쉬이 쓰는 말일지라도 실상 무거운 소재일 수밖에 없다. 하여 '생명목숨'에 대한 천착이 여실히 드러나는 시편들이 다루는 주제는 심오하다.

생명이란 일회성이다. 독보적일뿐더러 자유롭다. 생명 자체는 어디에 한정되지 않으며 규정되지도 않는다. 절대자의 창조물이거나 수억 년의 빅뱅이 빚어낸 유일무이한 목숨 이야기. 목숨은 생물의 호흡이다. 호흡은 다양한 생명의 다양한 현상 중에서 일정한 기간의 양태이다. 목숨은 본원적 생명인 본생本生을 총체적으로 드러낸다. 본생은 우주 만물의 궁극적 본체다. 이 말은 우주를 포함한 일체의 형상과 개념에 대하여 거의 무한대로 순수 사유가 가능한 그 모든 것을 지칭한다. 그 존귀한 본생이 신앙을 위하여 스러진 장소가 바로 해미다.

해미에서 천주를 믿는다는 죄명으로 무수한 천주교인들 목숨이 죽었다. 그래서 해미읍성과 읍성 주변은 목숨의 땅이다. 진둠벙에서, 읍성 옥사에서, 순교자 말씀 비碑에서, 읍성 소나무 숲에서, 성곽에서, 활궁터에서, 청허정에서, 야외 미사터에서, 유해발굴터에서, 자리갯돌에서 건장한 사내와 여인, 아이들이 처형당하였다. 속수무책이었다. 순식간에 생명이 죽었다. 그렇다면 '목숨'이 기꺼이 절명한 이유는 무엇일까. 김가연은 바로 그 부분에 주목해『생명의 말씀』이라는 소제목을 채택하고 온전히 해미에서 순교한 유명, 무명의 순교자들, 그 뜨겁고 처절한 피의 역사를 써 내려간 것이다.

  통곡하여도 시원치 않을 『생명의 말씀』 시편들을 가슴 아린 통증 없이 읽어나가기란 쉽지 않다. 그중 「자리개질」, 「진둠벙의 아침」 등 몇몇 시편은 코끝이 시큰하고 가슴이 먹먹하다. 멀쩡히 살아 있는 생목숨들이 타의에 의하여 숨이 끊어진 생생한 현장을 마주하는 까닭이다. 맑고 아름다운 산하와 햇살, 신선한 바람, 서재의 책들과 아직 다 마시지 못한 갓 빚은 막걸리, 그리고 따스하고 정겨운 가족과의 생이별을 뉘라서 상상이나 했겠는가. 그렇게 수천 명의 신앙인 '목숨'이 죽어갔다. 순식간의 일이었다. 강제로 생명을 휘발시켜버리는 이 참혹한 죽음은 무려 100년을 두고 이어졌다. 가히 국가권력의 무자비한 인권유린, 생명탈취의 폭거 현장이 아닐 수 없다. 폭력이 그토록 오랫동안 자행되어왔다. 그도 모자라 심지어 살아 있는 채로 죽였다. '자리갯돌'에 메다꽂아서 죽이고 물웅덩이에 밀쳐 수장水葬시켜 버렸다. 실로 비참한 현장을 응시한 '목숨' 시편들을 보자.

    내동댕이쳐진 육신
    누가 덮어주나

    피로 물든 자리갯돌
    누가 닦아주나

꽃의 이마에 내린 채찍
목숨 너머 목숨 밝히는 손

나를 부르시는
당신의 목소리

- 「자리개질」 전문

밤마다 베껴 쓰는
목숨의 눈빛

한 생 다 태울
망루의 바다

남루 걸치고
지금 어디쯤 오시는지

곰곰 열어보는
진둠병의 아침

- 「진둠병의 아침」 전문

짚으로 새끼 꼬아 만든 자리개로 볏단이나 보릿단을 묶어 엎어 놓은 절구통에 메어쳐서 알곡을 떨어내는 일을 '자리개질'이라

한다. 그 자리개질을 사람에게 자행한 「자리개질」과 해미읍성 외곽의 '진둠벙'의 서사를 썼다. 김가연의 각주 풀이에 따르면, 1801년의 신유박해 이전까지 해미에서 천주교도 인언민(마르티노)과 이보현(프란치스코) 등이 처형되었다. 또 1839년 기해박해 이전까지는 1814년에 옥사한 김진후(비오, 김대건 신부의 증조부)를 비롯하여 모두 8명을 처형하였다고 한다. 조선인 최초의 신부 김대건의 선조가 피를 뿌린 땅이 해미다. 해미는 한국 교회사의 중핵인 것이다. 이런 이유로 당시 해미읍성의 큰 감옥 두 곳은 항상 천주교 신자들로 북적였다.

실로 단 한 번뿐인 생명을 국가권력이 강탈하는 일, 몸서리쳐지는 상황이다. 기록에 전해져 오는 해미 성지의 첫 순교자는 마르티노이다. 그는 순교하면서 유언을 남겼다. "기쁜 마음으로 내 목숨을 천주님께 바치는 거야." 김가연은 마르티노의 또 다른 유언인, "그렇구말구"를 앞서 소개한 그의 디카시집에서 읊은바 있다. 마르티노는 기쁜 마음으로 순교하였다. 심신이 평온하고 안정된 상태에서 느끼는 즐거움이 충만한 감정인 기쁨, '목숨'을 바치면서도 기쁘다는 것이다. 천주의 임재臨在를 확신하였을 것이다. 놀람과 환희가 몰려왔을 것이다. 죽음에 대한 두려운 공포감보다 찬란한 영광으로 몸을 달궜을 것이다. 역설이지만 어찌 기쁘지 않으랴. 구약성경 등장인물인 욥처럼 몸이 병들고 음부에 들어갔을지라도 하느님 말씀에 전적으로 의존하면 구원을 받음에 의지하였을 터, 조선의 초대교회 천주교인들은 그것을 믿고 따랐음을 보여주는 작품이 「자리개질」이다. 그러함에도 당장 눈앞에서는 충청도 각처에서 붙잡혀온 천주교도들을 자리갯돌에다가 「자리개질」하여 죽였다. '내동댕이쳐진 육신'과 '피로 물든 자리갯돌'은 박해받는 수난의 현장을 생생하게 묘사한 표현이다.

조선의 백성들은 가장 아름다운 조선의 '꽃'이었다. 나라가 꽃을 꺾었다. 그러니 "꽃의 이마에 내려친 채찍/목숨 너머 목숨 밝히는 손"을 가지신 절대자의 쓰다듬는 손길을 느끼며 듣는 "나를 부르시는/당신의 목소리"는 얼마나 안타까웠을 것인가. 김가연은 이를 놓치지 않았다. '목숨 너머'를 바라보는 '목숨 밝히는 손'은 얼마나 떨었을 것인가. 자기 몸에 부서져 절명하는 목숨을 보는 '자리갯돌'은 얼마나 가슴 아팠을 것인가. 이와 동일한 구조와 서사를 담고 있는 시편이 또한 「진둠벙의 아침」이다. 진둠벙은 천주교인들의 시신에서 진물이 흘러나와 연못이 된 곳이다. 관아에서는 숫제 이곳에 연못을 깊이 파서 천주교인 천여 명을 수장시켰다. 김가연은 이 '진둠벙'을 자주 찾았을 것이다. 홀로 눈물 훔치면서 '진둠벙'이 잠들지 못하고 "밤마다 베껴 쓰는/목숨의 눈빛"을 읽었다. "한 생 다 태울/망루의 바다"는 '진둠벙'에서 죽어간 고혼孤魂들이 모조리 되살아나 "남루 걸치고/지금 어디쯤 오시는지" 손들어 이마를 가리며 멀리멀리 눈을 던지고 있는 모습을 보았을 것이다. 진둠벙은 매일 그런 아침을 그려보며 "곰곰 열어보는/진둠병의 아침"을 다독거린다.

　이들 시편의 소재가 된 자리갯돌과 진둠벙은 지금도 그 자리 그 형상으로 살아남아서 서산 해미의 역사를 생생히 증언하는바 김가연 시인의 작품을 통하여 새로이 조명된다. 이밖에도 진둠벙과 관련해 "진둠벙에 던져진 여린 목숨//차가운 칼날에 찔린 심장//아픔도 고통도 내게 쏟아라//기침 소리 멈추지 않는 목숨의 성지"(「진둠벙」 전문)라는 작품이 또 있다. 이렇듯 김가연은 해미 도처에 '목숨'에의 목숨교향악을 이렇게 깊이, 이렇게 멀리, 이렇게 진지하게, 가슴과 가슴 사이사이, 골짜기와 골짜기 사이에 드넓고 심원하게 울려 퍼트림으로써 믿음을 지키다 순교한 백성들의 넋을 따스하게 위로하는 것이다.

　김가연은 특유의 시적 감각으로 순교의 생명, 그 목숨의 길을 줄기차게 '목숨'으로 형상화한다. "나 없는 내가 엇갈린 길을 갑니다//잊어도 된다는 생각을 하기도 했습니다//그래도 나를 버리지 않은 당신//온통 세상이 된 당신//목숨 하나 이끌고 그 길 갑니다//세상 모든 길 다 지우고//목숨 다하여 당신께 갑니다"(「목숨 다하여」 전문), "칼날 같은 세상 끝/매달린 목숨//순교의 몸은/피 흘리는 가시밭길//잘려나간 숨결마다/맨발로 날아온 새//말씀대로 죽는 목숨/호야나무에 걸어두네"(「순교의 길」 전문), "시린 발을 아랫목에 밀어넣고//벗어둔 발자국에 목숨이 쌓였다"(「죽음을 벗어놓고」 일부)라고 쓴 시편들에서도 '말씀'에 의탁한 '목숨'이 가는 길을 보여주며, 이 외에도 이루 다 열거할 수 없는 '목숨' 관련 시편들이 하권을 풍성하게 채우고 있다.

    회화나무 살갗에 패인 자국
    봄비로 씻으시고

    불모의 풀밭에
    목숨 꽃 피었다

    꽃이 자랑이 될 순 없지만
    꽃을 피우는 일은 자랑이 될 수 있다

    꽃을 안고
    나는 당신을 생각한다

    꽃을 안고
    내가 당신을 생각하는 것은

    허물어진 성벽을 바라보는
    눈빛 같은 것이어서

    오래도록 나를 헐게 한다
    눅눅한 숲 우물가
    봄을 찢고 피는 목숨 꽃

                            -「목숨 꽃」 전문

"폭풍이 부는 들판에도 꽃은 피고/지진 난 땅에서도 샘은 솟고/초토 속에서도 풀은 돋아난다"라고 노래한 시인은 바이런 아니던가. 산목숨을 목매달아 놓던 해미읍성 "회화나무 살갗에 패인 자국/봄비로 씻으시고//불모의 풀밭에/목숨 꽃"을 피우는 새봄이 왔다는 시행은 바이런 풍이다. 유례없는 감염병 재난으로 인류가 위협을 받는 와중에도 새봄은 오고, 해미의 모든 희망과 상처, 그리고 아픔으로 얼룩진 박해의 현장에도 봄꽃이 만발한 신축년(2021년)이다. 해마다 오는 봄이라도 올해의 봄은 특별하다. 올해를 기점으로 해미읍성 축성과 해미읍성의 삶에 관한 이야기, 그리고 무수히 죽어간 해미읍성 목숨의 애환 등을 재정리, 재조명하는 작업이 대대적으로 전개되기 때문이다.

　해미읍성에 얽힌 복잡다단한 사연의 전개는 실상 상기 시편인 「목숨 꽃」을 피우기 위한 섭리였음이 김가연의 시 작품들을 통하여 예증되었다. 「목숨 꽃」의 백미는 "오래도록 나를 헐게 한다"는 구절에 있다. 낡고 오래되어 허물어져가는 '나'를 발견하는 일이 핵심이라는 뜻으로 읽히는 이 시행은 시적 화자의 심오한 깨우침에서 나온 것이라 유추할 수 있겠다. "허물어진 성벽을 바라보는/눈빛 같은 것"이라고 한 데서도 보이듯 '나'의 허물어짐이 긴요하다. '나'의 허물어짐은 '나'를 세울 수 있는 '눅눅한 우물가'이며 이것이 다시 '봄을 찢고 나오는 목숨 꽃'으로 변태한다. 결국 피 흘려 고난을 받음은 귀·입·눈이라는 삼보三寶를 정결케 하여 "어두운 길 닦아주는/목숨의 길"(「목숨의 길」 일부)을 걸어가 목숨으로 한데 어우러져 꽃 피워내는 「목숨 꽃」, 곧 새 생명의 탄생을 위함이다. 바로 이것이 하권 『생명의 말씀』이 내포하는 대지大旨가 분명하다 하겠다.

5. 결어

    김가연 시문학의 특징은 자유로운 사유에 있다. 사유의 폭이 넓고 심원하며 독창적이다. 김가연의 문학적 성취는 다양한 소재를 관통하는 하나의 주제를 세우고 사유를 통한 질료를 가공하여 문학적 형상화에 지대한 공을 들인다는 점에 있다 할 것이다. 이 시집에서 드러나는 유일의 주제어는 '눈동자'이다. 상권부터 하권에 이르기까지 거의 전편을 통하여 눈동자, 눈빛, 바라봄, 마주함에서 부딪치는 울림의 영상을 쓰고 있다.

    부뚜막의 종지가 깨졌다
    사금파리에 부딪히는 통증 빛났다

    석성을 세우는 등뼈
    긴 울음의 행렬 바라본다

조선의 눈망울 환하게 눈떠 온다
서로의 부름이 되어
바라보는 해미의 눈동자

－「해미의 눈동자」 전문

멀고 아득한,
그러나 끝내 가 닿아야 할 당신은
우뚝한 나의 표상입니다

뼈는 삭고 살은 물이 되어도
이십일만구천 날 당신을 마주합니다

깊고 어두운 침묵 속에 계시는
당신은 나의 뿌리입니다

설령 이 길의 끝 알지 못한다 해도
눈비 내 몸 지나간 후에도

청허정 솔밭에 흰 뼈를 묻고
나는 오로지 당신을 기다립니다

－「해미」 전문

해설

응시. 한없는 응시다. 김가연은 오롯이 눈 똑바로 뜨고 허공을 쳐다보는 일에 집중하였다. 누가 시켜서 하는 일이 아니다. 이 시집 전편에 얼비치는, 그리고 「해미의 눈동자」 시편에 '환하게' 등장하는 신비의 눈동자가 김가연을 찾아온 것이다. 해미읍성 성벽에서, 진둠벙에서, 성내 탱자나무에서, 물길이 채워진 해자에서, 수병들에게서, 성마루의 영기에서, 흰 뼈들에서, 무덤에서, 여숫골에서, 해미성당에서, 교황의 동상에서, 회화나무에서, 해미읍성 하수도에서 그리고 부뚜막의 작은 종재기에서도 김가연은 분주하게 움직이는 해미읍성의 삶의 응시한다. 그들은 생동하였다. 역사의 일부로 종결된 게 아니다. 역사로 환원되었다. 그들이 바로 오늘을 살아가고 서로를 부름으로써 다시 살아가기 시작하였다. 그리고는 서로 마주 보는 눈동자와 눈동자가 울었다. 「해미의 눈동자」였다. 동시에 「해미」였다.

　이 시집을 독파하면서 새로이 알게 된 점은 해미에 지성을 축성한 것은 조선 백성을 위함이었으나, 조선 후기로 들어서면서 해미와 해미읍성은 무고한 백성을 살상하는 아이러니한 장소로 변질되었다는 것이다. 그러나 이런 일은 치부로만 볼 것이 아니다. 무릇 새 생명의 출현은 언제나 피를 불러왔다. 일례로 아기 예수가 탄생하자 헤롯 왕은 유대 땅의 신생아 수천 명을 죽였다. 예수 그리스도의 존재는 피 흘림의 결과였다. 구원의 주는 오직 피에서 생성된다는 증빙인 셈이다. 이런즉 「해미의 눈동자」에서 '나'라는 시적 화자가 어찌 안 울고 배겨내며, 「해미」에서 어찌 '뼈는 삭고 살은 물'이 되지 않을 수 있겠는가.

이 시집에서 더욱 중요한 울림은 '나'이다. 얼핏 조선국의 통치행위와 천주교 박해라는 조선의 정치행위 등이 부각된 작품으로 보이나 기실 '나'에 초점이 맞춰진 시집이다. 김가연이 부단히 주창하는 '생명목숨' 담론은 여지없이 '나'에게로 되돌아온다. '나'의 응시는 휘황한 '생명', '목숨'을 향한 것이 아니다. 절망이다. 내 눈에 보이는 사물이나 물상을 쓴 것이 아니다. 내 눈에 보이는 것은 실상 보이는 것이 아니다. 비가시성의 세계도 존재한다. 시는 보이는 것만을 재생산하는 것이 아니다. 새롭게 보이도록 만드는 것이다. 김가연의 이번 시집은 숨 쉬지 못하는 절망을 전편에 걸쳐 효과음으로 깔아놓고 있다.

그렇다면 김가연은 왜 절망을 현현할까. 절망을 극복하는 유일한 길은 절망하는 일이다. 종착지는 죽음이다. 이때의 죽음은 종말이나 슬픔의 귀착이 아니다. 행복의 절정이자 새로운 맹아萌芽다. 이 시집은 그것을 말하고 있다. 더 나아가 필연적으로 인간과 신의 하나 됨의 세계인 신인합일神人合一의 체험을 추론하고 있다. 절망으로 죽음에 닿는 '나'는 뭇 존재와 하나 되어야 무한한 행복감을 맛본다는 것이다. 역설적으로 '나'로 여기고 있는 에고ego가 완전히 없어졌을 때를 전제한다. 김가연의 시 작품 요지는 이에 귀결된다. 허허벌판 해미에 처음 탱자성을 축성할 때부터 박해 이

후에 이르도록 인간은 누구나 신神이고 하늘이라는 사실을 에둘러 적시한다. 이 시집의 주요 핵심이다. 김가연은 시편들을 통하여 인간 누구나 가지고 있는 순수하고 고귀한 내면의 신성으로 돌아가길 염원한다. 존재의 근원인 천주와 하나 됨에 이르고자 한 순교자와 그들을 포용하고 있는 해미읍성의 무궁한 가치 등을 세세한 삶의 일화로 그려냄으로써 그들이 추구했던 정신을 감동적으로 펼쳐 보이는 것이다.

그리하여 김가연은 그의 눈동자에 백성을 지켜주는 해미읍성의 축성에서부터 박해의 현장으로 바뀌는 역사를 담으면서 세계와 우주의 모든 생명이 하나 되는 절대 평등과 무조건적인 참 사랑의 체현을 갈구한다. 현대 사회의 온갖 불평등을 해소할 수 있는 탈출구의 역할을 모색하는 작품집으로 오랜 응시와 오랜 시간을 궁구하여 『해미읍성 탱자꽃』을 썼다. 김가연은 '약속'을 거명했다. '약속'을 내보이며 시인은 그 어떤 사욕이나 집착이 없는 정갈한 '나', 내 속의 자아를 내보인다. 즉 '나'이되 '나'의 이기성과 독단을 초월한 무아의 사랑으로 피로 얼룩진 지배와 착취의 역사가 종식된 약속의 땅을 바라보는 것이다.

육백 년을 살아온 해미읍성은 앞으로 다시 육백 년, 육천 년을 지속하여 해미의 '눈동자'로 함께하며 한반도의 가나안이자 구원의 방주로 그 존재 이유를 갈음할 것이다. 이것이 이탈리아의 여사제女司祭 시빌라처럼 김가연 시인이 홀로 골방에서 애태우며 부르

짖다가 스스로 몰입하여 신성한 피의 제단을 그린 추상화, 『해미읍성 탱자꽃』 시집의 대미大尾이다.

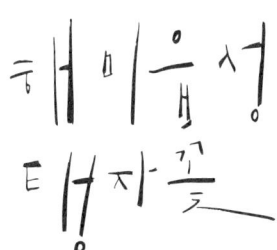

1판 1쇄 발행 2023년 10월 13일
지은이 김가연
펴낸곳 도서출판 가야
주소 충남 서산시 연당1로 3-6
전화 041-667-6400 | 팩스 041-667-7458
전자우편 printgaya@hanmail.net
등록 제 13-05-11-34호
ISBN 978-89-91225-56-5 03810

* 이 책에 실린 글의 권리는 저자에게 있습니다.
* 이 책 내용의 전부 또는 일부를 재사용하려면 반드시 저작권자의 동의를 받아야 합니다.
* 본 도서는 중청남도, 충남문화재단의 후원으로 발간되었습니다.